MW01227386

A COLHEITA:

Enraizada onde sou amada, criei asas para ser transformada.

Amanda Pinheiro

1ª edição

São Paulo – Brasil

Agosto de 2022

©2022, Amanda Pinheiro

Todos os direitos reservados.

Título: A Colheita: Enraizada onde sou amada, criei asas para ser transformada.

Autora: Amanda Pinheiro

Intagram: @amanda_pinheiroap

Edição e revisão: Amanda Pinheiro

Arte e Capa: Rebecca Requena

Introdução: Letícia Helena Cóxa

Agradeço aos que permaneceram após a seca.

Aos meus entes, parentes, os que chegaram e permaneceram, independente do que aconteça. Agradeço à vida e a minha renascença.

Cre**Sc**ENDO

Quando você olha para o lado e vê quem anda com você.

O tempo passa e você percebe que não é mais uma questão de quantidade...nunca foi.

A qualidade e a importância de quem caminha ao seu lado vale muito mais.Você aprende que não existiu perda...só ganhos.

Passa a ver que assim é cescer. Que cada pessoa te auxilia na árdua caminhada em busca do "ser".

E assim vivendo...assim, crescendo.

<u>Não sentir.</u>

Para uma pessoa que somatiza todos os sentimentos, qualquer dúvida, felicidade ou pensamento causa mudanças no corpo e atitudes que geram estranhamento.

O que fazer se a cabeça não para?
O que fazer se a ansiedade minha mente dispara?

Bem mais fácil seria não sentir.Se eu não afundasse em mim e me perdesse em meio aos meus pensamentos, tudo seria mais leve...não iria ter que sempre me prevenir.

Precauções com medo do que está por vir, sendo que nada aconteceu ali.

Até colocar tudo aqui!
Escrever e reunir…

Minhas ideias, pensamentos e devaneios.

Agora sim!! SAIR! No fim, sentir…sem precisar ruir.

Até quando?

Por quanto tempo oferecerá coisas das quais você não têm? **Ninguém.**

É o que sobrará na sua vida no dia em que você enxergar além.

Além das máscaras, além do tempo.

Se superar e ser quem você é, porque deve viver o momento.

Sua luta, sua dor, sua história e seu retrato.

Não agradar pelo que criou, mas pelo o que és de fato.

E enfim...

Olhar no espelho e enxergar o seu reflexo.

Depois de se despir do que criou, ver que tudo na vida têm nexo. Chega de achar tudo tão complexo!

Importância.

Palavra implacável contra a vida que não para.

É a inimiga de quem se cobra com tudo e para tudo, só parando quando o coração dispara.

Qual a impotância real dos seus familiares para você? Seus amigos? Seu trabalho? Seus amores ou prazer?

Você só vai se ligar nisso quando algo acontecer?

Desde quando você trocou a importância de tudo isso para o modo automático?

Desde quando trocou sentimentos para o mundo monocromático? Dia após dia, passo por passo, volto a vida para o compasso.

Deixando de dar a importância que um dia dei as superficialidades, para enfim, conseguir ser livre.

Troquei tudo isso para estar com as pessoas que conquistei e tenho por perto…por amor a quem vive!

E volto a reviver todo dia quando coloco o pé para fora da cama, porque quando acordo, na minha casa encontro refúgio em quem realmente ma ama.

Eles são a real importância.

Sobre domingos…

Nunca vou entender as sensações desse dia. Dia monótono, que mesmo sendo preenchido com passeios, visitas, andança e amores, tudo aparenta não ter emoção.

Fazendo as coisas sempre com o pensamento em outra dimenção.

Sem motivos para tal agonia, são coisas que se repetem todo domingo durante o dia.

Segunda recomeça a rotina, e mesmo com sem vontade, tenho que me manter firme, afinal é assim que se vive na árdua luta para conquistar o futuro que se sonha, sem vaidade.

"E se"?!

Quantos "e se" já passaram por sua vida?

Quantas vezes deixou de seguir sem nem sair da partida?

Qual o número de chances perdidas?

Pensar antes de ser feliz da vida...

Quantos "e se" têm guardado?

Porque não procura a sua felicidade ao invés de cobiçar a do lado?

O quanto não viveu por algo que o ilude?

Para quê colocar pontos finais, se ainda existem outras letras e numerais?

Menos " e se" e mais "para si"...

E ai?! **E se?!**

Queda de braço

A força da psique sempre será maior do que a física.

E eu, como mera somatizadora de sentimentos, sempre me frustro com minhas habilidades físicas...

Por pensar demais, sentir demais, medir demais e esquecer o que realmente precisava ser feito.

Nesses momentos, a bola passa, o soco entra e a aluna espera.

Qual o fim para o corpo que tem uma mente que só acelera?

Abrir a cabeça, relaxar e deixar fluir...Com o tempo, viver, escrever e sorrir.

Puxar o ar, respirar fundo e se jogar. Se empenhar! Tudo é questão de querer para conseguir fazer.

Estimular e crescer, para no final do dia, ser.

Notas de rodapé.

Descobri que já escrevi muito durante a vida. Escrevi muitos começos, com capítulos e folhas vivas.

Sempre fui escrevendo as coisas floridas e lindas. Gostava sempre de contos sobre Pessoas e personagens fictícios. Tudo lindo e no padrão! Perfeito… Só que sem emoção. E o perdão?
As dores e rancores que deveriam estar escritas ali? Nunca existiram, ou não as escrevi?

Parei… Revisei os textos… Como um achado, percebi!

Após longas dissertações, narrativas e poesias, no final, sempre havia uma nota de rodapé.

Lá encontrei o que deveria sempre fazer a parte maior dos textos, mas por orgulho ou preconceito, ficaram perdidas no final das últimas folhas e frases...

Um rodapé.

Orgulho? Vaidade?

Soberba ou fragilidade?

Até ver que no rodapé deveriam constar as conquistas após uma tempestade sem fim.

A partir de agora, vou reescrever minha história...mostrando a real verdade e fragilidade do viver.

E no rodapé? Irá constar as coisas que recomecei, dos finais que passei e as vivências que realmente irei me permitir.

No final dos capítulos, não esqueça de ler as notas de rodapé.

Ps: O que importa é você saber quem é.

<u>Mercado da vida.</u>

Sou uma pessoa compulsiva!

Comprava e vendia coisas e sentimentos todos os dias.

Só que descobri que mesmo em meio a tantos produtos, nunca comprei nem vendi de modo correto. Nunca parei para refletir sobre o porquê de ter, sem um para quê.

Quando compramos, a coisa em questão se torna nossa.

Mas do que vai servir se eu guardar só pra mim?

Descobri que é preciso dividir com outro…
Compartilhar para enfim fazer sentido e para assim sentir.

Dividir o que não se vende... as alegrias, amores, choros e dores. Tudo o que eu tiver.

Mesmo as vezes sendo uma pessoa esquecida, vou lembrar de partilhar no mercado da vida.

Pontos, virgulas e tal.

Cheguei até uma encruzilhada que a vida adiou...até o momento que recebi um chute frontal e brutal.

Era hora de ver além do meu ciclo e da rotina que estava todo dia igual.
Mudei de atitude quando vi que não tinha mais saída...

Coloquei respostas onde tinham vírgulas.

Arrisquei, olhei além, sem ter medo das feridas.

Onde havia um fim, substitui por um VIVA!

E assim, fui colocando nos finais uma escapulida...a atitude imprevista ou algo realista.

Do desista mudei para o insista.

O acomodada mudou-se para a ativista.

Porque descobri que estagnado nunca ninguém mudou de vida… foi tentando e errando que aprendi: há mais chão do alcança a vista.

Insista, ou melhor, persista!

Aperto.

Do cinto, do ônibus ou das contas!

Dos apuros e dos contras.

Da vida, do emprego e da falta de sossego.

No peito...na alma que se esconde por trás do sujeito.

O que causa este efeito? Angústia e sentimento. Turbilhão de sensações por dentro...Aperto que não dorme e não deixa ninguém viver direito.

Mas o segredo é esse: o final é sempre o mesmo!

Tudo passa, se não for como imaginamos, será de algum jeito!

Fingir

Não sentir.

Deprimir.

Reprimir.

Dormir.

Fugir.

Não conseguir.

Se iludir.

Se abstrair.

Suprir.

O que não falar da boca para fora, vai estourar do peito para dentro.

Não lute contra o que não tem argumento!

Para com esse tormento e saia do relento!

Deixa sair o que guarda por dentro.

Quando ver...será LIVRAMENTO.

De frente.

Sempre tive problemas com a minha imagem no espelho. Ou era gorda, ou era feia, ou até mesmo sem reflexo algum! O espelho sempre reflete uma pessoa em comum que sempre tive problemas. O espelho sempre refletiu uma pessoa incomum.

Para uns a menina arrumada com o cabelo sem frizz algum.

Para outros, a risonha que nada nega, para amigo nenhum.

Longe de todos, lavo rosto e o vejo como realmente sou.

Longe de sorrisos ou de arrumações, rosto cheio de expressões. Emoções!
De perto, ilusões.

Até quando você vai se mudar para pertencer aos padrões?

Ninguém nunca te jogou mais do que suas próprias visões.

Sair, florir e rir.

Ser quem sou ao encontrar alguém por ai.

Mostrar o que o de dentro quiser gritar.

No final? Relaxar...e assim, sendo como sou, no espelho me refletir.

CHEIRO

Fui arrebatada por uma corrente de ar...nela senti o cheiro doce de algo familiar.

Sabia que conhecia aquilo de algum lugar!

Quando lembrei, fui levada mentalmente até lá.

Era uma flor que eu pegava quando menina, na brincadeira que fazia quando nenhuma preocupação tinha.

Era a doçura que eu fungava no meio da rua...

Fui revivendo aquela leveza de ser criança pura! Fechei os olhos para manter a vivência...Respirei fundo e sorri, por esse momento de ascendência.

Instável:

Tudo o que que tinha foi desprogramado.

Insuportável:

Falta de ar e noite acordado.

Inefável:

A força que tive para levantar e ter lutado.

Alguma hora vai passar, só é preciso estar descansado.

VENTO NO ROSTO

Saio de casa para sentir o vento bater em meu rosto...

As vezes me pergunto de onde vêm a angústia que do nada sinto. Nesses momentos me pergunto: como me deixei cair nesse poço?

É escuro e horrível...e aqueles velhos pensamentos sempre sussurram que a morte era preferível.

Relembro de sentir o vento e respirar... Quanto tempo for necessário para eu me recuperar.

" Cadê a força que emana de ti?!'' pensei ali.

Enquanto não a encontro, fico aqui... Inspirando e respirando, para logo menos RESSURGIR.

LIBERDADE

Me perdi em um mundo paralelo por medo de ser.

Fui me perdendo aos poucos, de tanto me conter.

Dia e vida quieta e sem emoção. O mundo girando e eu presa com vertigem...
As pessoas vivendo e eu no quarto com medo da minha origem. Medo de viver e finalmente o mundo conhecer.

Mas o medo paralisa.

E mesmo estátua, decidi que todo sonho se realiza!

Ser, viver, sem precisar me conter! Felicidade, choro e sorriso, por não mais esconder.

Sem medos!

A liberdade deixou de me atormentar...foi assim que me vi em mim acreditar.

BALÃO

Descobri que passei a minha vida inteira dentro da cesta de um balão que estava sem gás e sem ar.

Vivi anos paralisada, presa ao chão e olhando para o céu, sonhando se algum dia iria ou não partir e voar.

Sem esperança e sem coragem. Mas o que haveria lá em cima?

Como seriam as coisas do alto? O vento no rosto?

E com essas dúvidas, levantei.

Depois de anos sem coragem, soltei as cordas! Liguei a bomba e o fogo...

E bem na minha frente, se ergueu um balão enorme, colorido e imponente! Quando dei por mim, até meu coração já tinha inflado!

Na verdade, já estava acostumado com as sombras que nem

percebeu que se fortaleceu.

Respirei fundo e comecei a subir...e mesmo sem saber o rumo, sorri.

Quando me dei conta, já estava no ar, com o balão forte, jogando ar quente para o tecido levar....

O vento da calmaria...

Foi naquele momento que soltei as minhas amarras e consegui deixar meu coração seguir!

Pela primeira vez eu me vi feliz...assistindo minha vida lá de cima, como eu nunca fiz.

Ali, naquele balão, no silêncio e paz, eu só tinha a agradecer.

Que viesse o vento...naquela ventania chamada paixão e esperança, que me deixei entender.

Vai ser voando que irei permanecer sempre, para assim,

VIVER.

Do alto, **vi**.

     Com o amor, re**VIVI!**

Quem é você?

Aprendi a ser quando decidi olhar:

Para a vida;

Para o futuro;

Pra o existir!

Aprendi a planejar quando descobri:

Um amor;

Uma razão;

E o que me faz sorrir.

Quando achei que cansei, lembrei:

Quem sou;

Por que sou;

E o que me motiva a florir!

Foi arriscando que encontrei:

Força para levantar;

Uma melodia nova pra dançar;

E por fim, plena e segura,

Eu me vi:

Amando;

Vendo;

Querendo;

Lutando;

Crescendo...E assim, **SENDO!**

COMPLETUDE.

SÓssego

É manter a calmaria em meio ao devaneio.

Ver a luz lá no final do túnel, mesmo quando tudo parece negro.

LAMPEJO!

De vivências, memórias e desejo.

De gritar, sorri e abrir o peito.

Respirar, fortalecer e sempre achar um jeito.

Calafrio, suor, mas no final eu vejo...

Que sou eu quem comando meu próprio roteiro.

Erguer os olhos e perceber que nunca estou só...de sozinha na vida, que seja somente de **SÓ**ssego!!!

CHEIRO DE CHUVA

Tenho sentimentos por cheiros...

Alguns me fazem lembrar de momentos específicos, para que eu possa relaxar e outros para me alegrar ou inspirar.

Gravei fragrâncias no fundo da mente e olfato, para que quando quisesse, pudesse relembrar.

Hoje, após um dia cansativo, não precisei de muito para o melhor cheiro encontrar...

De olhos bem fechados, senti o cheiro familiar!

Era ele...o cheiro de chuva que fez meu pulmão saltar!

Dei um enorme suspiro para minh'alma aquietar.

Com esse momento, me vi descansando por um simples lembrar.

Farejei novamente, enchendo meu corpo de sentimento e apego por aquele levitar!

<u>Precisei escrever...</u>

Buscando a fuga para a minha cabeça e rumo para meus caminhos. Sentimentos embaralhados e muitas das vezes, parecem ninhos.

Respiro...Será que estou sozinho?

Conto até 3 e me acalmo nesse dia friozinho.

Quem diria que um dia até mesmo eu, tão meu dono, me sentiria assim.

Quando achei que sabia de tudo, a vida veio e riu de mim...

Falou em meu ouvido: "Acha que seria fácil desse jeito? Sim?!"

Quando me acalmei, me reconectei. Entendendo que terão dias de riso e de tranquilidade...mas outros que não saberei.

Depois de entender isso, flutuei...

Dentro do meu mar particular, entrei.

Depois do luar, dancei.

Depois do afogamento, voltei.

Pra amanhã? Não sei. Mas por agora, descansarei.

Crer – Sendo ou Crer - Ser?!

O que você enxerga além do que vê?

Amadurecer nunca foi sinônimo de sofrer.

O que almeja só vai depender de você.

Por quê?!

É o que perguntamos quando não sabemos o que fazer. Seguimos sofrendo sem nem saber o pra quê.

O que deseja além de viver?

Você sonha ou desaprendeu com o desprazer? Quem é você e o que quer ser?

Em quem e no que você crê?

Suas lutas serão sempre suas, não importa quem estará para ver.

O Agora e o Amanha só dependem do seu merecer.

O TEMPO E A VIDA

Não damos importância a vida e enquanto não vemos, ela passa.

Quando paramos para ver o tempo que já perdemos, do nada ele descompassa.

Sem dó, somente nos transpassa!

Se estipula algo, quando vê, fracassa. que vida é essa que nos amassa?!

Será isso ou a culpa é de quem nela perpassa?

Não olhamos para o lado, não temos visto o céu e a natureza.

Não somos de papel, mas qualquer chuva vira correnteza.

O que estamos fazendo com algo tão importante e que merece um pouco de delicadeza? Perdemos a esperteza?

Lembremos que a vida é uma só, portanto tenhamos gentileza!

Conosco, com o outro, com a pessoa que não se safa da tristeza. **Vivamos!**

Por hoje, amanhã e pelo restante de nossa profundeza!

A vida é assim...nos ensina dia a dia a sermos **FORTALEZA**.

VIVÊNCIAS...

Engraçado como a vida muda, a rotina muda, as pessoas mudam, a paisagem muda.
Estranho pensar no quanto vivemos, o tanto que aprendemos e o que ainda passaremos.

Criança, cria, criatura.

Cada dia uma nova loucura, nesta vida insegura. De certo, só o que conquistamos, nossa semeadura.

Colheita, acolhida, candura.

Cada parte da nossa vida com sua fartura.

De amor, de calor, de afeto ou até mesmo dor. Nada em vão, tudo com seu devido valor!

Hoje escuto o som da brisa do mar com a certeza de que tenho muito a vivenciar.

Fecho os olhos com a alma de quem ainda há de mudar. Em quê?!

Sei lá...só sei que estarei lá
para me agraciar.

MÃE

Deixei de contar minha idade a partir dos 25 anos, achando que já havia vivido de tudo.

Quando vi que não tinha mais porque para ganhar presentes, entendendo que o que realmente importa é quem se faz presente. E ela sempre ali, segurando meu mundo.

Quero agradecer a ela pelas três vezes em que me deu a luz...

Uma quando dela nasci e duas quando sem vida, por sua insistência, amor e dedicação, sobrevivi.

- "Uma pela outra, sempre", ela me disse ali.

E acreditando no impossível, hoje estou aqui.

Te amo pelo amor inabalável!

Obrigada por ser a pessoa mais amável.

Obrigada por me ensinar todos os dias o que é amar e ser amada.

Obrigada por sempre ser o meu "enfim curada".

O SOL SEMPRE VAI NASCER DE NOVO

O mar sempre terá ondas incansáveis.

As pessoas sempre terão suas rotinas intermináveis.

E o que tudo isso têm em comum?!

O TEMPO...ele passa enquanto você não vê.

MAS ELE PASSA!

E vai depender de você saber se se deixar levar, ou reagir. Aí descobrirá que não há nada mais bonito do que ver o sol nascer!!

De novo, de novo e de novo...

<u>FÉ</u>

Hoje é dia de renovo...de lembrar quem somos e o que queremos de verdade.

Lembrar dos que conosco corre, independente da dificuldade.

Ver o amor, empatia e divindade.

Sempre agradecendo por cada oportunidade.

Vidas, pessoas, paisagens...

Saber que tudo isso está aí para nos relembrar...

De que para viver bem esta vida, basta somente o amar.

AOS ACASOS...

Quantos casos e enlaços foram vividos?

Quantos foram por impulso, paixão ou solidão?

Vivendo em um mundo de números, divisão e perturbação.

Quais foram vividos após colocar um ponto final no coração após alguma relação?

No geral, nós sempre achamos que nos enganamos...Mas de noite, o nosso travesseiro não é só de espuma e panos.

Quando tiramos tudo de dentro e vivemos com a verdade, vamos dando valor a cada simples sorriso, luz do sol, amizades...

Até que o acaso resolve bater em nossa porta. Seja para oferecer amizades, amores...

Mas o melhor é que ele sempre vêm quando não se procura e não se espera. Porque assim, vivemos, aprendemos, plantamos, colhemos e voamos...

E o que tiver que ser, virá...O que tiver que viver, viverá.

E ao acaso, seja bem-vindo!

Porque graças a você, agora eu vivo sorrindo!

SOU FEITA DE RAÍZES E ASAS!

Quando nasci, me enraizei no que era me oferecido em meu lar.

Amor, carinhos, proteção e cuidado. Independentemente do que ocorresse.

E desde muito nova, passei por muitos vendavais, tornados e caí em muitos bueiros.

Mas nada disso teve força suficiente para me derrubar...minhas raízes eram muito fortes e meu suporte era enorme.

E assim fui crescendo...as vezes florescendo as vezes com as minhas folhas caindo, mas sempre inabalável!

Quando adulta e com meus frutos amadurecidos, tentaram me cortar... Geraram em mim tantas lacerações que quase morri.

E aí vieram os meus, que desde o início estavam lá... para cuidar dos estragos, não importando o tempo que fosse demorar.

Todos os dias me regavam, tratavam e me abraçavam...fortalecendo minhas raízes.

Quando curada, um raio me atingiu...queimou tudo o que havia em mim, me arrancando da terra, tirando minhas forças de mim.

Era ali o meu fim...Ou não?!

Com muito cuidado, pegaram as únicas folhas verdes que sobraram...me levaram de volta ao meu lar.

Aos poucos fui sentindo que eu estava ali, mesmo quando desacreditei, eles acreditaram por mim.

E eis ai o meu milagre! De árvore, virei ave!

E quando segura, abri minhas asas e voei...

E todas as vezes que voltava dos meus passeios, era recebida com amor e festejo.

Graças a paciência e o cuidado, sou feita de raízes e azas! E isso é só o começo.

Reticências

É na dor que aprendemos a ser quem somos.

E é na alegria que temos a certeza de que estamos no caminho certo!

PROFUNDIDADES

Quão rasos somos ou costumamos ser?

Quanto esforço fazemos o que nem é nosso dever?

Você ama os outros também ou somente a você?

Olha para os lados ou acha que vai adoecer?

Quando vai até o mar, mergulha ou só vai para ver? Qual o sentido do viver?

Quando aprenderemos que o dia é **HOJE**, não importa o pra quê?

Sejamos profundidade, independente do quê.

Porque o aqui e agora ninguém pode mudar, a não ser **você**!

<u>A PAZ</u>

Onde está a paz?

É preciso ser duro? necessário ser sagaz?

Ser invasivo, ou até mesmo voraz? Quando acho que sinto algo, era meramente fugaz...

Procurar pelo quê, se sou tão ineficaz...Tentando encontrar algo em mim, me sentindo incapaz.

Estufo o peito, respiro de maneira audaz...

Lembro do campo de lavandas, que me acalmou de forma inexplicavelmente eficaz!

Sem olhar para o que o passado já foi capaz.

E ali enfim entendi...havia achado a minha paz.

O cheiro de vida, esperança e amor, me refaz!

HOJE!

O RIO

Fechei os olhos e ouvi o som do rio...

Com ele vieram os cheiros, a paz e o arrepio!

Senti as gotas molhando meu rosto, e com um leve mover de corpo, senti um desvio...

Entendi que eu estava em uma canoa, o que na barriga deu um calafrio!

Fui relaxando e tentando sentir as coisas...parecia loucura, ou até mesmo doentio!

Eu em meu quarto, vivendo aquilo, era no mínimo um desafio.

Respirei bem fundo...sentindo o passar da nascente...

Um navegar que mesmo inimaginável, era consciente. O balançar era constante e crescente...

Me fazendo arfar em alguns momentos e em outros, sorrir somente.

Que loucura seria se contasse o que estava vivendo aqui dentro para essa gente!

Abri os olhos...de volta ao meu quarto, pude me perceber reluzente!

Não viajei de corpo, mas essa viajem foi que me trouxe para o presente.

O rio, o cheiro, a corrente...

Nunca esquecerei aquele momento que precisou ser iminente.

Salvando meu dia, e ocupando a minha mente.

Me resgatando da escuridão, me tornando **resiliente**.

GIRAS**SOL**

Estava precisando de luz para me guiar...era um dia difícil, com coisas fora do lugar!

Pensamentos, pessoas, projetos e o sonhar.

Respirei fundo, sabendo que aquilo iria passar. Mais um dia confuso! Exclamei sozinha ao pensar...

O que seria dos dias bons, se não fossem os de luta, para nos fazer agraciar?!

Olhei para o céu e o sol estava lá!

Nunca reparamos que as coisas mais bonitas sempre estão perto do nosso olhar.

Céu, natureza, e até o que não podemos ver, só sentir.

Como a fé, de que aquele momento difícil não ia me definir.

Resolvi viajar...juntar a família e sair!

Fomos parar em uma cidade calma, cheia de flores por ali, e andando no meio de plantações distintas, lá estava o que tanto pedi!

Um mar de girassóis, me fazendo sorrir!

Me enfiei neles junto as abelhas, para o cheiro me conduzir...

Só assim, entendi...

A Luz que eu procurava, estava a me aderir...lembrando que o girassol precisa de outro para existir.

Lembrando que a vida é um infinito a se descobrir.

E foi ali, naquele momento, que eu **acendi**.

Com carinho para todos que colheram e colhem os frutos que a vida nos faz conseguir.

* * * * * *

Made in the USA
Columbia, SC
04 September 2022

66261898R00036